MES JEUNES AMIS

POUR APPRENDRE A LIRE.

Il faut initier les enfants dès l'âge le plus tendre
aux questions d'honneur, de patriotisme, d'humanité; afin de les prémunir pour l'âge mûr contre les
doctrines perverses, antinationales, homicides...

A B C D E F G H I J K L

Nègres conduits à la côte.

1844

Marchand d'esclaves.

ABOLITION

DU

DROIT DE VISITE RÉCIPROQUE

ET EXTENSION DE LA VISITE NATIONALE

PAR

UN HOMME QUI N'EST POINT DIPLOMATE.

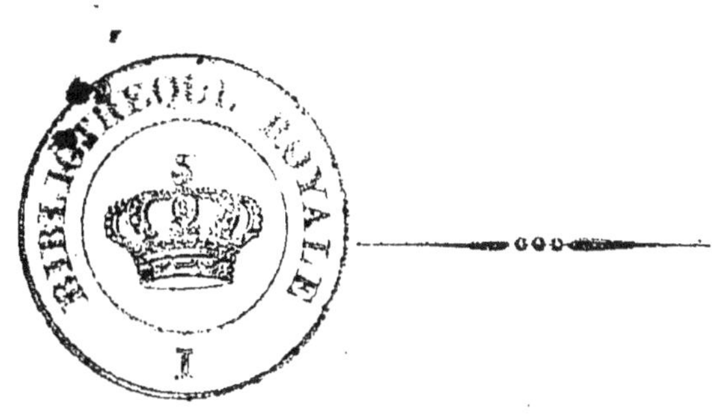

PARIS

IMPRIMERIE D'E. DUVERGER,
RUE DE VERNEUIL, N° 4.

1844

ABOLITION

DU

DROIT DE VISITE RÉCIPROQUE

ET

EXTENSION DE LA VISITE NATIONALE.

Le droit de visite a soulevé en France une énergique improbation contre notre diplomatie. Mais les plaintes, si multipliées qu'elles aient été, n'ont point atteint assez de personnes : la diplomatie française n'est pas la seule fautive. Le blâme devait frapper tous les cabinets qui ont pris part aux traités conclus. Puis, un blâme plus grand encore est mérité aussi par les puissances maritimes, et même par les puissances purement continentales qui sont restées étrangères aux négociations ; car, dans une question d'humanité tenant au droit des gens, il n'est permis à qui que ce soit de s'abstenir.

En France, en Angleterre, il y a unanimité contre la traite et l'esclavage ; dans le reste du monde civilisé, l'élite de chaque nation est unanime aussi pour désirer leur abolition. Il n'y a donc plus de question que sur les voies et moyens.

La visite en mer est reconnue comme indispensable pour empêcher la traite. Mais, si cette visite est faite dans chaque marine par les croiseurs nationaux seulement, elle n'a que peu d'efficacité. Or, pour obtenir de plus larges résultats, on a eu recours au droit de *visite international*.

Je conçois, jusqu'à certain point, cet entraînement ; car il ne fallait reculer devant *aucun sacrifice nécessaire* pour faire disparaître un trafic aussi meurtrier, aussi corrupteur, aussi avilissant ! Mais la visite réciproque est-elle une nécessité pour atteindre ce but ? Je ne le crois pas.

Si la traite décime les Éthiopiens et les nivelle avec la brute, en les refoulant de la liberté dans l'esclavage ; si la traite est une infamie pour la race blanche ; d'un autre côté, la guerre qui décime toutes les races est, pour la civilisation, le plus redoutable fléau.

« Eh bien ! je ne sache pas de mesure qui puisse plus « incessamment exciter les susceptibilités et entretenir les « vieilles rancunes internationales que le droit de visite « tel qu'il a été stipulé par la conférence de Londres. « Rien, en effet, ne saurait blesser et irriter un marin, « comme de voir descendre dans sa cale, pour y faire la « police, un officier portant l'uniforme étranger ; quelles « que soient d'ailleurs la réserve et l'urbanité de ce visi- « teur. » Rien, non, assurément rien, ne peut conduire plus directement à des querelles. Et d'une querelle en mer, il n'y a pas loin à une guerre maritime... il n'y a que la portée d'une hache d'abordage. Or, la politique générale étant ce qu'elle est, une guerre maritime aujourd'hui serait la guerre universelle demain.

C'est donc une faute que de consacrer le droit de visite réciproque, s'il n'est pas de toute nécessité pour empêcher la traite

On le voit, ma protestation contre la concession de ce droit n'est ni systématique ni absolue ; car si pour faire cesser la traite, il fallait indispensablement courir les risques de voir une guerre européenne, je m'y résignerais. En effet, la race noire, faible par le nombre, faible par l'absence de civilisation, ne peut, la malheureuse, se soustraire d'elle-même à l'horrible trafic dont elle est l'objet. Mais vous, peuples civilisés, si vous vous faites la guerre, c'est-à-dire si vous ravagez vos moissons, si vous détruisez vos usines, si vous incendiez vos flottes, si vous saccagez vos cités, tout cela au nom de l'agriculture, de l'industrie, du commerce et des arts ; si vous employez toutes les ressources de l'intelligence, tous les trésors de la science à anéantir ce qu'à l'aide de l'intelligence et de la science vous avez réciproquement créé ; si, au nom d'un Dieu de paix, vous vous entr'égorgez, c'est votre faute, c'est votre crime, il ne tient qu'à vous d'en agir autrement, et ce n'est pas vous qui méritez ma plus vive sollicitude.

Dans la question dont il s'agit, c'est donc en faveur de la classe noire que doit exister la préoccupation dominante.

Mais, grâce au ciel, on peut obtenir une *visite nationale* bien plus efficace que la *visite réciproque*, et cela, sans aucune excitation à la guerre.

Voici le moyen (1) : « Que tout croiseur reçoive à son « bord des commissaires appartenant aux puissances ma-« ritimes. Ces commissaires seuls visiteraient les bâtiments

---

(1) Le 1er juillet 1842, j'ai publié ce que je reproduis aujourd'hui avec guillemets ; et quelques jours après, je l'ai fait passer sous les yeux du *pouvoir*. A quoi tient-il donc, depuis dix-neuf mois, qu'à cette heure, 28 janvier 1844, des vues aussi simples ne soient pas encore la base d'un traité conclu et en pleine exécution ?

« suspects portant le pavillon de leur gouvernement res-
« pectif. Celles des puissances maritimes qui ne voudraient
« point fournir de commissaires donneraient, pour la vi-
« site de leurs bâtiments, un mandat aux commissaires des
« autres nations. Toutefois, le mandataire ne devrait ja-
« mais appartenir à la nation du bâtiment croiseur. Ainsi,
« par exemple, si l'Autriche n'avait ni vaisseaux croiseurs
« ni commissaires autrichiens, elle donnerait son mandat
« aux commissaires anglais sur nos bâtiments, et aux
« commissaires français sur les bâtiments anglais.

« Les commissaires devraient, pendant leurs opéra-
« tions, porter les couleurs nationales des bâtiments qu'ils
« visiteraient.

« De cette manière, tous les froissements internationaux
« disparaîtraient, et la traite serait d'autant plus sûrement
« réprimée, que la présence des commissaires étrangers à
« bord de chaque bâtiment croiseur stimulerait la vigi-
« lance des officiers chargés de la croisière. »

Ajoutons que les visites seraient d'autant plus fréquen-
tes, que les croiseurs ne seraient plus retenus, comme à
présent, par une certaine réserve, lorsqu'il y a doute si le
bâtiment rencontré doit être considéré ou non comme sus-
pect. En effet, avec les commissaires nationaux, une visite
faite sans motif suffisant n'aurait rien de blessant pour la
nationalité, puisque le soupçon conçu contre le comman-
dant du bâtiment visité viendrait d'un compatriote

Par ce mode de procéder, on ferait cesser aussi la pos-
sibilité d'un espionnage réciproque sur le commerce, en ce
qui touche les grandes puissances maritimes, puisque la
visite de leurs bâtiments serait faite par des nationaux : et,
quant aux puissances qui ne se constitueraient point de
semblables commissaires, c'est qu'elles reconnaîtraient
qu'elles n'auraient rien à craindre de l'investigation que

feraient les commissaires étrangers auxquels elles donneraient leur mandat.

L'organisation de commissaires-visiteurs aurait encore
l'avantage de donner un moyen de contrôle pour recon-
naître si chacune des puissances contractantes aurait em-
ployé à la croisière le nombre exact de bâtiments qu'elle
aurait annoncé ; puisque ce nombre serait constaté pour
chacune d'elles par celui des commissaires étrangers qu'elle
aurait embarqués.

Le service des visites en mer, tel que je viens de l'indi-
quer, promet donc d'être on ne saurait plus efficace.

« Et je ne comprends pas que des esprits aussi élevés,
« aussi désireux de la paix que de l'abolition de l'escla-
« vage, n'aient point arrêté leur attention sur ce moyen
« qui s'offrait de lui-même. S'il n'a point été remarqué,
« c'est que probablement il était trop simple. »

Je n'ai point à descendre dans l'examen des conventions
de détail qui interviendraient entre les Puissances pour le
logement et la table des commissaires qu'elles recevraient
à bord de leurs bâtiments. Mais je puis assurer que cette
dépense serait minime. D'ailleurs, les commissaires seraient
sans doute des hommes capables de recueillir les données
scientifiques qu'offrirait leur navigation, et souvent
ils rendraient plus à la science qu'ils n'auraient reçu du
budget.

D'un autre côté, ces hommes aux habitudes studieuses,
indice ordinaire de mœurs douces et d'une bonne éduca-
tion, auraient avec les officiers du bord de fréquents, longs
et intimes rapports qui redresseraient chez les uns comme
chez les autres les préjugés internationaux ; et il en résul-
terait entre eux des liens de considération, des liens d'a-
mitié qui hâteraient puissamment la cordiale entente des
peuples.

Je suis heureux d'avoir à signaler cette autre circonstance que les frais de commissariat offrent aux puissances purement continentales, qui sont restées en dehors de la conférence, une porte par laquelle elles peuvent y entrer dignement. Car il ne saurait y avoir forclusion pour elle dans cette grave question de droit des gens, dans cette sainte œuvre d'humanité. Si elles offraient la moindre coopération pécuniaire, les puissances maritimes pourraient donner un accroissement notable à leurs croisières.

Ce résultat joint, d'une part, à ce que la présence des commissaires étrangers sur chaque vaisseau croiseur augmenterait l'activité du service, et, d'une autre part, à ce que les nationaux entre eux mettraient moins de réserve à opérer des visites, on pourrait tenir la traite pour supprimée désormais. Comment, en effet, les *pirates négriers* pourraient-ils trouver passage à travers les mailles d'un pareil réseau.

Je ne suis point neutre en politique ; mes couleurs sont tranchées et ne peuvent se ternir. Mais je n'ai pas cru devoir les faire refléter sur ces considérations, que je livre avec une égale confiance à mes concitoyens, quelle que soit leur opinion, comme aux étrangers, à quelque nation qu'ils appartiennent. La traite étant une immolation de la race noire et une opprobre pour la race blanche ; le droit de visite réciproque étant une occasion de guerre, et la guerre étant pour la civilisation le plus redoutable écueil, il ne peut manquer d'y avoir dans tous les partis et chez tous les peuples des hommes aux nobles sentiments qui accorderont leur attention à cet aperçu.

Un homme qui n'est point diplomate.

Marché d'esclaves.

Nègres dans les entraves.

M N O P Q R S T U V X
Y Z Æ Œ W

---

1 2 3 4 5 6 7 8 9 0

---

a bo li ti on de la trai te et
de l'es cla va ge !

Un homme qui n'est point diplomate.